Reise durch

HAWAII

Bilder von
Christian Heeb

Texte von
Thomas Jeier

Stürtz

Erste Seite:
„Ich lebe im Paradies und bin stolz darauf!" Mit diesem Satz oder einem herzlichen „Aloha"

begrüßen viele Hawaiianer ihre Besucher. Einige äußern ihre Freude, im „Aloha State" zu leben, sogar auf Autoschildern.

Vorherige Seite:
Der Napili Beach gehört zu den schönsten Stränden der Insel Maui. Einige der exklusivsten Hotelanlagen

und Restaurants liegen an dieser Küste. In der Ferne ragen die Hawaii-Inseln Molokai und Lanai aus dem Pazifik.

Unten:
Der Hula, ein Tanz zu Ehren der Götter, war ursprünglich nur den Männern vorbehalten.

König David Kalakaua beschrieb ihn als „Sprache des Herzens", deshalb sei Hula der „Herzschlag des hawaiischen Volkes."

Seite 10/11:
Waikiki Beach, das
„Sprudelnde Wasser"
südlich des Ala Wai
Canals, wurde zum
Traumziel für Bade-
urlauber, lockt mit
riesigen Hotelanlagen
und einem besonders
seichten Strand, der
sogar Anfängern das
Surfen ermöglicht.

Inhalt

Aloha! – Willkommen im Paradies!

Die „North Shore", die Nordküste von Oahu, gilt als bevorzugter Tummelplatz der Surfer. Über fünfzehn Meter werden die Wellen im Winter hoch. Im Sommer ist es ruhiger, gehört die Waimea Bay den Urlaubern.

Aloha!" Der hawaiische Gruß erklingt bereits auf dem Flughafen von Honolulu. „Willkommen auf den Trauminseln im Pazifischen Ozean!" In der Sprache der Polynesier, die bereits um 500 n. Chr. nach Hawaii kamen, bedeutet der Name der Inseln „Himmel" oder „Paradies". Ein Paradies für Einheimische und Besucher, die auf den vulkanischen Inseln (Oahu, Kauai, Molokai, Lanai, Kahoolawe, Maui, Big Island) der Sonne nahe sein wollen.

Mit einem freundlichen Lächeln und einem „Lei", dem traditionellen Blumenkranz der Polynesier, werden alle Fremden empfangen. Zur Zeit der Könige, die jahrhundertelang über die Inseln herrschten, bevor sie von amerikanischen und europäischen Siedlern vertrieben wurden, erklangen noch „Chants", romantische Lieder, die vom Leben in den Dörfern erzählten, und bis heute wird der Hula getanzt, ein Tanz zu Ehren der Götter, der ursprünglich den Männern vorbehalten war. Der „Aloha Spirit" begegnet dem Besucher überall, überrascht mit einem positiven Feeling, das in der kulturellen Vielfalt der Hawaii-Inseln begründet ist. Seit dem 21. August 1959 ist Hawaii ein Staat der USA. Amerikanischer Service und amerikanisches Geld, weiße Sandstrände und rauschende Palmen wie in der Südsee – für die meisten Urlauber eine ideale Mischung. Kein Stress mit einer exotischen Sprache und freundliche Menschen, die einen überall willkommen heißen. Was will man mehr? Die Sonne scheint jeden Tag. Fast das ganze Jahr werden Temperaturen zwischen 25 und 28 Grad gemessen, und die Passatwinde sorgen dafür, dass es nicht zu schwül wird. Zugegeben: An den windzugewandten Nord- und Ostküsten regnet es häufiger, aber die gefürchteten Wirbelstürme brechen nur alle paar Jahrzehnte über die Inseln herein.

Die ersten Siedler

Die ersten Menschen, die sich auf den Inseln des hawaiischen Archipels niederließen, waren Polynesier von den Marquesas-Inseln und Tahiti. Ohne Sextant und Kompass und in zwanzig Meter langen Booten gelang es ihnen, unglaubliche Entfernungen auf dem scheinbar endlosen Meer zurückzulegen. Sie besiedelten das Land im Pazifik und erreichten um 500 n. Chr. die Inseln, die von den europäischen Seefahrern „Sandwich Islands" und später Hawaii genannt wurden. „Wie hat es dieses Volk geschafft, über diesen weiten Ozean zu segeln?", schrieb Captain James Cook am 2. Februar 1778 in sein Logbuch. Die erstaunliche Antwort: Die Polynesier waren erstklassige Seeleute, richteten sich nach den Sternen, beobachteten die Meeresströmungen und die Richtung des Windes. Sogar an der Art, wie sich die Wolken über dem Meer formierten, erkannten sie ihre Position. Für die Eingeborenen aus der Südsee waren die Inseln im Norden ein verlockendes Land, das mit fruchtbaren Tälern und weiten Stränden aufwartete. Die Passatwinde brachten kühle Luft aus dem Norden mit, und der häufige Regen sorgte für eine ertragreiche Erde. Die Siedler pendelten noch einige Jahrhunderte lang zwischen der alten und der neuen Heimat und holten Haustiere und Pflanzen nach Hawaii. Dann brach der Kontakt ab und sie entwickelten in der neuen Heimat ihre eigene Kultur.

Die ersten Hawaiianer waren Bauern und Fischer und lebten in einer streng geordneten Gesellschaft. Alle größeren Inseln wie Hawaii, Maui, Oahu und Kauai wurden von Königen regiert, die mit absoluter Macht über ihre Untertanen herrschten. Sie traten in schillernden Umhängen vor ihr Volk, trugen bunte Helme aus seltenen Federn und umgaben sich mit einem prunkvollen Hofstaat aus adeligen Kriegern, die große Ländereien und Fischgründe geschenkt bekamen und dem König in absoluter Treue dienten. Am Ende der sozialen Leiter standen „Unberührbare" und Sklaven, die kaum Rechte besaßen und den Göttern geopfert wurden, wenn sie nicht gehorchten oder ein „Kapu" verletzten. Die sogenannten Kapus (Verbote) regelten das soziale Leben der Hawaiianer. Der Begriff ist dem tahitianischen „Tapu" entlehnt, dem Ursprung des heute gebräuchlichen Wortes „Tabu".

Die Hawaiianer glaubten an ein übernatürliches Wesen, das die Natur beherrschte, und an unzählige Götter, die über das Schicksal der Menschen entschieden. Kane war der Vater aller lebenden Kreaturen und lebte im Sonnenlicht sowie in Flüssen und Seen. Ku, der unnachgie-

Der Ala Wai Jachthafen liegt am Ende des Ala Wai Canals und markiert die Einfahrt zum Pazifischen Ozean. Hier sind die renommierten Waikiki und Hawaii Yacht Clubs zu Hause. Die Wartezeit für einen Liegeplatz beträgt zehn Jahre.

bige Gott des Krieges, forderte Menschenopfer. Kaneloa regierte im Land der verschiedenen Seelen. Lono war der Gott des Wachstums. Pele, die Göttin der Vulkane, herrschte über das Feuer. Im Hula-Tanz, der damals den Männern vorbehalten war, drückten die Hawaiianer den Göttern ihre Verehrung aus, empfanden sie Naturgewalten und Mythen nach. Die Kahunas, die Priester des Volkes, sprachen mit den Göttern und achteten darauf, dass die Kapus eingehalten wurden, strenge Tabus, die von der Furcht vor übernatürlichen Kräften bestimmt wurden. Wer ein Kapu missachtete, wurde im Tempel den Göttern geopfert, selbst wenn er das Verbot unwissentlich verletzt hatte. Kapus waren heilig. Auch die Alii, die adelige Klasse, wurde durch die Kapus geschützt. Wenn der Schatten eines Mannes auf den König fiel, wurde er mit dem Tod bestraft.

Bewahrer der Mythen und Legenden

Woody Fern wäre im alten Hawaii ein wichtiger Mann gewesen, als „Keeper of the Records", Bewahrer der Mythen und Legenden, die von einer Generation an die nächste weitergegeben wurden. „Der ‚Keeper of the Records' wanderte von einem Dorf zum anderen", weiß Woody Fern über seine Vorgänger zu berichten. „Sie setzten sich ans große Feuer und erzählten Geschichten. Wie die von dem Sonnengott und der Meeresgöttin: Der Sonnengott war sehr eifersüchtig und wollte die Göttin unbedingt heiraten, aber sie wehrte sich mit heftigen Wellen und erschreckte die Vögel, die große Angst bekamen und bittere Tränen weinten. So kam das Salz ins Meer. Die alten Geschichten erzählen auch von dem Fischer, der jeweils nur einen Fisch aus seinem Fang behielt, weil er alle lebendigen Dinge verehrte und nur das Nötigste essen wollte. Oder sie kündeten von alltäglichen Begebenheiten in einem anderen Dorf, von einer guten Taro-Ernte oder dem Wettstreit einiger Wellenreiter. Ein guter Geschichtenerzähler beobachtet."

Seit über dreißig Jahren beschäftigt sich Woody Fern mit der Kultur Hawaiis. Zahlreiche Geschichten hat er von seiner Großmutter erfahren, die noch von Königen und Prinzen erzählte und von den Traditionen ihres Volkes geprägt war. „Eigentlich wollte ich gar kein Geschichtenerzähler werden", gesteht er, „ich habe lange für eine hawaiische Airline gearbeitet. Dann tat ich mich mit einem Freund zusammen und produzierte Shows für Hotels. Seit einigen Jahren verkaufe ich Sportartikel an Kaufhäuser. Zum Geschichtenerzähler wurde ich, weil ich die Shows, die wir produzierten, meist selber ansagte. Das Kapi'olani Community College nahm mich unter Vertrag und schickte mich mit ‚ka'ao o Honolulu' (Geschichten aus Honolulu) auf Tournee. Vor allem an den ‚Royals' waren die Leute interessiert. Auch bei den Hawaiianern gab es einen ‚Prince Charles' und eine ‚Princess Diana', und ihre Skandale waren oft noch heftiger und endeten sogar tödlich. Die Ermordung von König Keoua durch Kamehameha I. ist ein blutiges Beispiel dafür."

Viele Geschichten erzählt er in der Sprache seines Volkes. „Für das Überleben unserer Kultur war es wichtig, dass unsere Sprache überlebte", sagt er, „sie hat uns eine eigene Identität bewahrt. Die meisten Schulen lehren Hawaiisch, und die Jugend erfährt wieder von hawaiischer Kunst und hawaiischer Musik und wird im alten Handwerk unterrichtet. Ich erzähle Legenden und bringe ihnen die traditionellen Lieder bei. Hawaiische ‚Chants' waren ein Ausdrucksmittel wie der Hula, sie wurden den Göttern wie Gebete geschenkt und berichteten aus dem Leben der Dorfgemeinschaften. Auch Captain Cook, der erste Weiße, der Hawaii zu Gesicht bekam, wurde mit einem Lied begrüßt."

Captain James Cook

Captain James Cook, ein bescheidener Mann aus dem fernen England, ging am 21. Januar 1778 in der Waimea Bay vor Kauai vor Anker. Einige Hawaiianer näherten sich den Schiffen, der „Discovery" und der „Resolution", zögerten aber, an Bord zu gehen. „Die Legende will wissen", erzählt Woody, „dass Cook an der Reling der ‚Resolution' lehnte und einige Goldmedaillen an einem Strick zu den Eingeborenen hinunterließ, und die braunen Männer sich mit kleinen Fischen bedankten. Erst dann folgten sie der Einladung der weißen Männer. Es kam zu einigen Missverständnissen, weil die Eingeborenen ein königliches Kapu beachteten und sich vor den vermeintlichen Königen auf den Boden warfen, dann aber folgten Cook und seine Männer den Hawaiianern in das nahe Dorf, wo sie wie Halb-

Der Waimea Canyon auf Kauai, der „Grand Canyon des Pazifik", wie Hawaii-Tourist Mark Twain ihn nannte, erinnert an die große Schlucht des Colorado und verzaubert mit farbenprächtigen Felsentälern und tiefgrünen Wäldern.

götter verehrt wurden. Die Dorfbewohner wunderten sich lediglich darüber, dass es auf den ‚schwimmenden Inseln' keine Pflanzen und keine Tiere gab, und dass die weißen Männer keine Frauen und Kinder dabeihatten."

Obwohl Captain Cook alle kranken Männer auf den Schiffen zurückgelassen und den gesunden Männern streng verboten hatte, sich mit den hawaiischen Frauen einzulassen, kam es zu mehreren Kontakten. Dafür sorgten auch die Hawaiianerinnen, die unbedingt wissen wollten, ob die Halbgötter auch ihren Mann stehen konnten. Ansteckende Krankheiten wurden übertragen und verbreiteten sich nach der Abreise der Engländer in kürzester Zeit. Die Bevölkerung der hawaiischen Inseln, die um 1778 noch über 300 000 Einwohner gezählt haben muss, verringerte sich bis 1832 auf nur noch knapp 130 000 Menschen.

Nach Cooks Landung begann jedoch zunächst ein reger Handel zwischen den Seeleuten und den Einheimischen. Die Hawaiianer waren vor allem an eisernen Nägeln interessiert, die sie zu Angelhaken verarbeiteten. Die Engländer tauschten sie gegen Lebensmittel ein. Zu einem fatalen Zwischenfall kam es, als sich ein Offizier und mehrere Männer mit einem Ruderboot von den Schiffen entfernten, um nach einem geeigneten Ankerplatz zu suchen. Die Hawaiianer kamen hinzu, hoben das Boot an und wollten es zum Strand tragen, eine freundliche Geste, die nur Königen entgegengebracht wurde. Die Weißen bekamen es mit der Angst zu tun und feuerten auf die Eingeborenen. Ein Mann wurde getötet. Der Unfall zeigte keine Folgen, aber Captain Cook war ärgerlich darüber, dass die Begegnung blutig verlaufen war.

Sandwich Islands

Zwei Wochen später verabschiedeten sich Cook und seine Männer von den Hawaiianern. Die Weißen fuhren nach Norden weiter und suchten nach der legendären Nordwestpassage zwischen dem Atlantik und dem Pazifik, die sie aber nicht fanden. Als sich der arktische Winter mit den ersten Stürmen ankündigte, kehrte Captain Cook zu den tropischen Inseln im südlichen

Pazifik zurück. Er hatte sie „Sandwich Islands" genannt, nach seinem Patron bei der Britischen Admiralität, dem Earl of Sandwich. Zehn Monate waren seit seinem Aufenthalt auf Kauai vergangen, und die Hawaiianer glaubten inzwischen, dass es sich bei dem bärtigen Mann um Lono handelte, den Gott der Ernte und Fruchtbarkeit.

„Einst lebte ein König auf Hawaii, der Lono genannt wurde", berichtet Woody Fern. „Er hatte in einem Wutanfall seine Frau getötet und wurde beinahe verrückt vor Schmerz. Er zog rastlos von einer Insel zur anderen und legte sich mit jedem Mann an, dem er begegnete. Dann fuhr er in einem großen Kanu davon, um in einem fernen Land endlich den lang ersehnten Frieden zu finden. Sein Volk hatte ihn zum Gott ernannt und hielt jeden Herbst ein großes Fest zu seinen Ehren ab. Während der Feier liefen die Priester mit großen Bannern herum. Ausgerechnet zu dieser Zeit kehrte Captain Cook nach Hawaii zurück. Von Kauai segelte er an Maui vorbei nach Big Island, aber starke Winde hinderten ihn daran, an Land zu gehen. Die Eingeborenen paddelten zu den Schiffen und brachten ihm frisches Fleisch und andere Vorräte."

Am 17. Januar 1779 gelang es dem Captain endlich, mit seinen beiden Schiffen in der Kealakekua Bay auf der Westseite von Big Island vor Anker zu gehen. Mehr als zehntausend Hawaiianer schwammen ihm entgegen oder begrüßten ihn auf tanzenden Surfbrettern. Sie sangen ihm zu Ehren und führten ihn zu den Priestern, die ihn als Gott feierten und eine Zeremonie zu seinen Ehren abhielten. König Klaniopuu kam von Maui herüber und besiegelte seine Freundschaft mit dem weißen Gott. Er schenkte ihm einen Umhang aus bunten Federn und Körbe mit Kokosnüssen und Brotfrüchten. Cook revanchierte sich und übergab seinen Säbel. Die Hawaiianer führten Boxkämpfe auf und tanzten den Hula, und der britische Offizier überraschte die Insulaner mit einem Feuerwerk. Nach zwei Wochen verabschiedeten sich die Engländer. Ihre Schiffe wurden mit Vorräten, Trinkwasser und Feuerholz beladen, und sie setzten ihre Reise nach Norden fort. Vier Tage später gerieten sie in einen heftigen Sturm. Der Vordermast der „Resolution" zerbrach und die Schiffe mussten umkehren. Diesmal waren die Hawaiianer nicht mehr so freundlich. Während die britischen Zimmerleute den Mast reparierten, wurde ein Ruderboot gestohlen und die weißen Männer mit Lavabrocken beworfen. Captain Cook reagierte wütend und entschloss sich, den König

Die Häuser im Lapakahi State Historical Park auf Big Island erinnern an ein historisches hawaiisches Fischerdorf aus dem 14. Jahrhundert. Der fallende Wasserspiegel zwang die Bewohner, ihre Heimat im 19. Jahrhundert zu verlassen.

der Insel als Geisel zu nehmen. Er lud beide Läufe seines Gewehrs, einen mit harmlosem Vogelschrot, den anderen mit einer tödlichen Kugel, und ging mit einigen Männern an Land. Obwohl der König sich bereit erklärte, den Engländern an Bord zu folgen, kam es zu einem Handgemenge mit wütenden Eingeborenen.

„Ein Hawaiianer versuchte, Captain Cook zu erstechen", berichtet Woody Fern, „aber der britische Offizier hielt sich den Angreifer mit der Schrotladung vom Leib. Einen zweiten Angreifer erschoss der Engländer. Die Eingeborenen griffen wütend an und töteten vier Matrosen, die restlichen Engländer retteten sich in ihr Ruderboot und verschwanden. Captain Cook wurde niedergeschlagen und mit einem Messer tödlich verletzt. Er raffte sich seufzend vom Boden auf, taumelte nach vorn und stöhnte laut. „Er hat uns belogen!", rief sein Mörder: „Er ist kein Gott!" Die Eingeborenen stürzten sich auf den sterbenden Mann, hackten ihn in Stücke und warfen die Körperteile ins schäumende Meer."

Bedeutendster Herrscher

Kamehameha I. war damals noch ein unbedeutender Häuptling, stieg aber in den nächsten Jahrzehnten zum bedeutendsten Herrscher der hawaiischen Geschichte empor. Mit rücksichtsloser Gewalt ging er gegen alle Männer vor, die sich ihm in den Weg stellten. Er erklärte zwei weiße Männer, die in einer Schlacht mit amerikanischen Kaufleuten in seine Hände gefallen waren, zu seinen Beratern und benutzte die erbeuteten Kanonen als Druckmittel gegen seine Widersacher. Innerhalb weniger Jahre brachte er alle hawaiischen Inseln unter seine Herrschaft. „Nur ein einziger Mann namens Keoua begehrte noch auf", erzählt Woody Fern. „Er war mit dem neuen Herrscher verwandt und wollte nicht, dass dieser allein regierte. Es kam zu zwei blutigen Schlachten, die aber keine Entscheidung brachten. Erst ein hinterlistiger Trick verhalf Kamehameha zum endgültigen Sieg. Der neue König ließ einen Tempel in

Kawaihae bauen und lud seinen Widersacher zur Einweihung ein. Vor dem Tempel wurde Keoua getötet und den Göttern geopfert. Jetzt regierte Kamehameha I. allein über Hawaii." Kamehameha der Große, wie er sich jetzt nannte, war ein weit blickender Herrscher. Während seiner Regierungszeit, die bis zu seinem Tod am 8. Mai 1819 dauerte, war wenig von der Grausamkeit zu spüren, die er anfangs gegenüber seinen Widersachern gezeigt hatte. Er setzte alles daran, sein Volk in eine bessere Zukunft zu führen, und wird noch heute von den Hawaiianern verehrt. „Er war ein umsichtiger Herrscher, der schon damals erkannte, dass die Hawaiianer nur als vereintes Volk eine Chance hatten, sich gegen die Weißen zu behaupten."

Westliche Lebensweise

Aber auch Kamehameha konnte den Untergang seines Volkes nicht verhindern. Mit den Handelsschiffen der Engländer, Franzosen und Amerikaner wurden tödliche Krankheiten auf die Inseln gebracht, die weite Teile der Bevölkerung dahinrafften. Nach dem Tod des Herrschers übernahm zunächst sein Sohn die Regierungsgeschäfte, aber zur eigentlichen Königin wurde die Witwe des ersten Herrschers. Sie überredete ihren Sohn, das System der Kapus abzuschaffen und sich der westlichen Lebensweise zu öffnen. Um 1820 erschienen die ersten Missionare aus New England auf Big Island und fanden eine erstaunliche Bereitschaft vor, sich den neuen Göttern zu beugen. Mit den Missionaren kamen die Walfänger. Die rauen Mannschaften der Walfangschiffe gingen in Lahaina, Hilo und Honolulu an Land und vergnügten sich mit hawaiischen Mädchen. „Kein Gewissen östlich des Kaps", hieß ihr Motto. Die Missionare beobachteten die Überwinterung der Walfangschiffe mit Missfallen, konnten aber nichts unternehmen. Der Walfang war ein wichtiger Wirtschaftszweig und hatte den Handel mit Sandelholz abgelöst, nachdem die Wälder fast vollständig abgeholzt worden waren.

In diese unstete Zeit des Umbruchs fiel die Regierungszeit von Kamehameha III. Um 1840 verfügte er eine Landreform, die „Great Mahele", die das königliche Land unter Adeligen und normalen Bürgern aufteilte. Jetzt war es auch Ausländern gestattet, Land zu besitzen, und viele amerikanische Rancher und Plantagenbesitzer machten reichlich Gebrauch davon. 1849 wurde die erste große Zuckerplantage in Hana eröffnet. Aber die hawaiischen Arbeiter wollten nicht wie Sklaven behandelt werden und wurden deshalb durch chinesische Arbeiter ersetzt, weil diese ausdauernder und billiger

waren. Die ersten zweihundert Chinesen trafen 1852 ein, dreißig Jahre später zählte man bereits 18 000. Sie erfüllten ihre Verträge auf den Plantagen und ließen sich dann als erfolgreiche Kleinunternehmer nieder, führten Restaurants, Läden und Wäschereien. 1886 versuchte man, den Aufstieg der geschäftstüchtigen Chinesen durch einen Einwanderungsstopp zu bremsen, aber um 1910 lebten immer noch 21 000 Chinesen auf Hawaii. Sie blieben ihren Traditionen verbunden und schufen sich in der Chinatown von Honolulu eine farbenprächtige Enklave. Auch aus Japan und Korea wanderten Arbeiter ein.

Besonders während des amerikanischen Bürgerkrieges wurden Unmengen von Zucker auf das Festland exportiert, und Hawaii wurde immer stärker von seinem Handelspartner Amerika abhängig. Der amerikanischen Regierung gelang es schließlich 1887 mit einem Täuschungsmanöver – es kursierte das Gerücht, die Engländer wollten die Inseln erobern und stünden kurz vor dem Einmarsch – sich vertraglich das alleinige Nutzungsrecht von Pearl Harbor zu sichern und dort einen Kriegshafen zu errichten. Das kam de facto einer Landnahme gleich. Als Gegenleistung hob sie die Importsteuer für Zucker auf. Jetzt hielten die Zuckerbarone auf einmal alle Macht in den Händen.

Tod der Monarchie

Mit den Kamehamehas starb die Monarchie. König Kamehameha V., der bis 1872 regierte, war Junggeselle und hinterließ keine Erben. William Lunalilo, sein Nachfolger, blieb nur ein Jahr im Amt. David Kalakaua, der „fröhliche Monarch", baute den prächtigen Iolani Palace und ging auf eine ausgedehnte Weltreise, die ihn auch nach Amerika führte. Er sprach sich öffentlich für einen Anschluss seiner Heimat an die USA aus. Kalakaua starb 1891 und wurde von seiner Schwester Lydia Liliuokalani abgelöst, der letzten Monarchin des hawaiischen Königreiches. Sie erkannte die Gefahren, die eine Annexion durch die USA bringen würde, musste sich aber dem Druck der Amerikaner beugen. Am 17. Januar 1893 wurde schließlich die Monarchie offiziell aufgehoben. Die Ein-

wanderungswelle aus Asien hielt an. Zwischen 1910 und 1940 zählte man 126 000 Filipinos. Nach dem Vietnamkrieg siedelten zahlreiche Thais und Vietnamesen auf den Inseln. Die erste Einwanderungswelle aus Japan schwappte um 1886 nach Hawaii über, als die japanische Regierung durch eine Hungersnot gezwungen war, die Auswanderungsgesetze zu lockern. Über 27 000 Japaner fuhren nach Hawaii. Um 1900 wurden die Japaner mit 60 000 Menschen zur größten ethnischen Gruppe auf den Inseln. Der japanische Angriff auf Pearl Harbor bremste die Einwanderungswelle, aber nach dem Zweiten Weltkrieg wurden auch Japaner wieder gern gesehen. Sie investierten riesige Summen und schlossen die während des Zweiten Weltkriegs geplante Invasion auf friedlichem Wege ab. Zahlreiche Konzerne und Luxushotels sind fest in japanischer Hand. Während der Achtzigerjahre fuhren japanische Milliardäre durch das noble Kahala und vereinnahmten dort einen Besitz nach dem anderen. Eine Luxusanlage ging für über 40 Millionen Dollar an einen japanischen Konzern. Dennoch bestimmen die Amerikaner das Geschehen, und es wurde bereits öffentlich von einem Staat Hawaii gesprochen. Aber die Südstaaten waren gegen eine Integration, und erst am 21. August 1959 ernannte Präsident Eisenhower die tropischen Inseln zum 50. Staat der USA. „Der ‚Aloha Spirit' wäre uns beinahe zum Verhängnis geworden", bedauert Woody Fern. „Die Hawaiianer waren immer freundlich zu Fremden, und alle Weißen wurden eingeladen, auf unseren Inseln zu siedeln. Die Könige erkannten viel zu spät, dass sie ausgebeutet wurden, und niemand durchschaute die Absicht vieler Siedler, uns zu unterjochen, indem sie unsere Kultur zerstörten. Erst jetzt besinnen wir uns wieder auf unsere Tradition."

Seite 22/23:
Im Schatten der steilen Koolau Range auf Oahu liegt die Maleakahana State Recreation Area, ein bewaldetes Naturschutzgebiet mit zwei idyllischen Buchten und der kleinen Goat Island, auf der seltene Vögel nisten.

Seite 24/25:
Lahaina, die ehemalige Walfängermetropole auf Maui, wuchs zu einem kommerziellen Touristenzentrum heran, überrascht aber auch mit romantischen Sandstränden und einem der schönsten Sonnenuntergänge der Insel.

Oahu – Honolulu, Waikiki und der wilde Norden

Der Hukilau Beach an der Nordküste von Oahu ist für seinen weichen Sand bekannt. Das Wort kommt vom hawaiischen „huki" für „ziehen" und „lau" für „Netz", weil die Fischer vor dieser Küste besonders reiche Ernte hielten.

In Honolulu trifft der Westen den Osten", hat William Somerset Maugham einmal geschrieben. Beide Lebensarten sind eine harmonische Ehe eingegangen, ohne ihre Identität zu verlieren. Daran ändern auch die modernen Wolkenkratzer nichts, die sich vor den grünen Hängen der Koolau Range erheben. In ihren Fenstern spiegeln sich königliche Paläste, christliche Kirchen und buddhistische Tempel. An die letzte Amtszeit von König Kalakaua erinnert der Iolani Palace inmitten einer Parkanlage. König Kamehameha I., dem legendären Herrscher der Inseln, ist eine Statue an der King Street gewidmet. Waikiki Beach, das „Sprudelnde Wasser", wurde zum Traumziel für Badeurlauber, lockt mit einem besonders seichten Strand, der sogar Anfängern das Surfen ermöglicht. Robert Louis Stevenson schrieb bereits im 19. Jahrhundert: „Wenn man so altmodische Dinge wie eine bezaubernde Landschaft, andächtige Stille, reine Luft, klares Meerwasser und paradiesische Sonnenuntergänge will, sollte man Waikiki besuchen."

Im Osten von Waikiki Beach, im Schatten des mächtigen Diamond Head, liegt Hanauma Bay, eine traumhafte Bucht. Weiter südlich lockt das Polynesian Cultural Center, tagsüber ein lehrreiches Freilichtmuseum über polynesisches Leben, abends ein „Fast-Vergnügungspark" mit einer Show, die auch Disney nicht besser produzieren könnte.

An der „Leeward Coast" im Westen der Insel präsentiert sich Oahu noch sehr ursprünglich. Die raue Waianae Coast ist fest in der Hand der Einheimischen, die sich vehement gegen eine Erschließung ihrer Küste wehren. Zur Wallfahrtsstätte für patriotische Amerikaner wurde Pearl Harbor. Die „North Shore", die Nordküste von Oahu, ist die Heimat der Surfer. Über fünfzehn Meter türmen sich die Wellen im Winter auf. Im Sommer ist es ruhiger, gehört die Waimea Bay den Urlaubern. Weite Sandstrände, wogende Palmen und das Meer – nicht nur in dieser exotischen Bucht präsentiert sich Hawaii wie im Bilderbuch.

Oben:
Der Waikiki Beach im Süden von Oahu ist der bekannteste und meistbesuchte Strand der Inseln. Er ist zwei Meilen lang und erstreckt sich zwischen dem Diamond Head im Norden und dem Ala Wai Canal im Westen.

Rechts:
Der Diamond Head ist ein markanter Felsen am nördlichen Ende von Waikiki. Der Name stammt von englischen Seeleuten, die von den glitzernden Kristallen im Fels angelockt wurden und sie irrtümlich für Diamanten hielten.

*Bereits die hawaiischen
Könige und ausländische
Prominenz wie die Autoren
Robert Louis Stevenson
(„Die Schatzinsel") und
Mark Twain vergnügten
sich am Waikiki Beach.
Zahlreiche Luxushotels
ziehen sich an dem Strand
entlang.*

Linke Seite:
Der Waikiki Beach ist für seine Fünf-Sterne-Hotels, seinen weichen Sand und ein besonders warmes und seichtes Wasser bekannt. Selbst Nichtschwimmer und Anfänger können in den Wellen des Waikiki Beach bedenkenlos baden.

Mit einem Katamaran über den türkisfarbenen Pazifik – am Waikiki Beach ein durchaus erschwingliches Vergnügen. Zahlreiche Ausflugsboote sind tagtäglich vor der Südküste der Hauptinsel Oahu unterwegs.

Die Hotels am Waikiki Beach unterhalten ihre Gäste mit Surfwettbewerben, Hula Dancing, Outrigger-Canoe-Rennen und zahlreichen anderen Vergnügen. Zum Sonnenbaden ist es am Traumstrand beinahe zu lebhaft.

31

*Vom Sheraton Waikiki
und anderen Luxushotels
am Waikiki Beach hat
man einen spektakulären
Ausblick auf den weiten
Sandstrand und die*
*Wolkenkratzer von
Honolulu. Unterhalb
der Hotels verläuft
die geschäftige
Kalakaua Avenue.*

Der ruhigere Kuhio Beach Park am nördlichen Ende von Waikiki ist wegen seiner geschützten Bucht vor allem bei Familien beliebt. Seinen Namen hat er von Prinz Kuhio, der hier lange wohnte und den Strand um 1918 den Bürgern schenkte.

Rechts:
Ein freundliches Lächeln
im Waimea Falls Park. Der
Park und das tropische
Waimea Valley am nörd-
lichen Ende von Oahu
stehen unter Naturschutz.
Vor Ankunft der Europäer
war das Tal dicht besiedelt
und ein Anbaugebiet für
Taro-Wurzeln (Wasser-
brotwurzeln).

Unten:
Im Polynesian Cultural
Center, tagsüber ein
lehrreiches Freilicht-
museum über polyne-
sisches Leben, lassen
Musiker, Sänger und
Tänzer am Abend die
Geschichte und Mythen
der Südsee in einem
opulenten Schauspiel
aufleben.

Oben:
Hawaiische Musikgruppen bevorzugen hawaiische Musik mit Ukulele, Slack-Key-Guitar und der traditionellen Pahu-Trommel, verarbeiten aber auch moderne Klänge wie Rock, Folk und Reggae in ihren Songs.

Links:
Die ersten Menschen, die sich auf Hawaii niederließen, waren Polynesier von den Marquesas-Inseln und Tahiti. Ohne Sextant und Kompass und in zwanzig Meter langen Booten gelang es ihnen, unglaubliche Entfernungen zurückzulegen.

35

Rechts:
Honolulu, die größte Stadt von Hawaii, ging aus dem Fischerdorf Kou hervor. Um 1820 gab es dort nur ein paar schäbige Hütten. Walfänger und Händler kurbelten die Wirtschaft an und machten die Stadt zu einem weltweit bekannten Handelszentrum.

Unten:
König Kamehameha I., dem legendären Herrscher der Inseln, ist eine Statue an der King Street gewidmet. Er regierte von 1795 bis 1819 und gilt als angesehenster Monarch der Inseln. Die Statue wurde 1883 eingeweiht.

Oben:
Mit zahlreichen Luxus-
hotels und erstklassigen
Feinschmeckerrestaurants
braucht Honolulu
einen Vergleich mit den
Metropolen auf dem
amerikanischen Festland
nicht zu scheuen. Das
Mandarin Oriental gehört
zu den besten (und
teuersten) Herbergen.

Links:
Chinatown in Honolulu –
das bunte Völkergemisch
hat die Stadt zur
tolerantesten der USA
gemacht, weil niemand
seine Herkunft eindeutig
bestimmen kann. Es
gibt keine Gettos und
kaum Streit, auch in
der Hauptstadt regiert
der Aloha Spirit.

Rechts:
Wie so viele asiatische Tiere und Pflanzen hat auch der Java Finch, eigentlich in Indonesien, Java und Bali zu Hause, auf den Hawaii-Inseln eine neue Heimat gefunden. Der Vogel wird bis zu fünfzehn Zentimeter lang.

Unten:
Der Manoa Falls Trail beginnt am Ende der Manoa Road in Honolulu. Der beliebte Wanderweg führt durch tropischen Wald und an einem schmalen Fluss entlang zu den Manoa Falls, die ungefähr dreißig Meter tief in eine kleine Bucht stürzen.

Oben:
Die Koolau Range ist kein
Gebirge, sondern besteht
aus den Überresten des
gleichnamigen Vulkans.
Zahlreiche Eruptionen
während der letzten halben
Million Jahre haben die
östliche Hälfte des Berges
in den Pazifik stürzen
lassen.

Links:
Der Manoa Chinese
Cemetery ist der größte
und älteste chinesische
Friedhof auf Hawaii. Das
besonders schöne Grab von
Lum Ching erinnert an alle
chinesischen Vorfahren,
der Tomb of the Unknown
Chinese Soldiers an
gefallene Soldaten.

Rechte Seite:
Der Kahuluu Beach auf Big Island war schon bei den hawaiischen Royals im 19. Jahrhundert beliebt. Heutige Urlauber schätzen vor allem seine hervorragenden Schnorchelgründe. Hier gibt es über hundert verschiedene Fischarten.

Makapuu Point, ungefähr zwölf Meilen östlich von Honolulu, ist der am weitesten östlich gelegene Punkt von Oahu. Von dort aus hat man einen fantastischen Ausblick auf Makapuu, die Waimanelo Bay und den Kalwi Channel.

Der Kailua Beach an der Ostküste von Oahu gehört zu den schönsten und sichersten Stränden der Welt. Er ist vor allem wegen seines feinen weißen Sandes beliebt. Er gilt als Paradies für Windsurfer.

Seite 42/43:
Der Kalanianaole Highway führt zum Makapuu Beach County Park an der Ostküste von Oahu. Bodysurfer begeistern sich für die riesigen Wellen des Strandes, für Schwimmer ist er wegen seiner gefährlichen Strömungen weniger geeignet.

Oben:
Der Sea Life Park an der Ostküste von Hawaii präsentiert Meerestiere in einer Mischung aus Zoologischem Garten und Vergnügungspark. Besonders beliebt sind die Delfin- und See-löwen-Shows.

Bilder rechts:
In den über eine Million Litern Wasser des Hawaiian Reef Aquarium des Parks schwimmen über zweitausend verschie-dene Meerestiere, darunter eindrucks-volle Haie, Rochen, Meeresschildkröten und tropische Fische.

Oben:
Auch als letzte Zuflucht
für bedrohte Tierarten wie
den Humboldt-Pinguin
oder die grüne Meeres-
schildkröte hat sich der
Sea Life Park einen Namen
gemacht. In lehrreichen
Programmen erfährt
man Interessantes über
das Leben dieser Tiere.

Links:
In zahlreichen Shows
präsentieren sich die
Meerestiere dem Publikum.
Delfine zeigen ihre Kunst-
stücke, clevere Seelöwen
treiben ihre Scherze mit
den Trainern und
jonglieren mit Bällen.

In der Hanauma Bay, einer traumhaften Bucht östlich von Waikiki Beach, wurden zahlreiche Szenen für den legendären Elvis-Presley-Film „Blue Hawaii" gedreht. Der „King of Rock'n'Roll" bevorzugte die Bucht auch privat.

Im flachen Wasser der Bucht kann man im Sitzen schnorcheln – selbst Nichtschwimmer können die Riffbewohner durch eine Taucher-brille beobachten. Die Biologen zählten über 400 tropische Fischarten.

Rechte Seite:
Leider ziehen der weiße Sand, das blaugrüne Wasser und die farben-prächtigen tropischen Fische der Hanauma Bay jeden Tag Hunderte von Besuchern an – obwohl man Eintritt bezahlen muss. Am besten kommt man schon am frühen Morgen.

HAWAIIAN REGIONAL CUISINE – DREI-STERNE-KÜCHE „MADE IN HAWAII"

Zusammen mit elf anderen Spitzenköchen der hawaiischen Inseln begründete Alan Wong im Jahr 1992 die sogenannte „Hawaiian Regional Cuisine", eine innovative Küche, die französische, kalifornische, hawaiische und asiatische Einflüsse vereint und sich beinahe ausschließlich auf landeseigene Zutaten verlässt: frischen Fisch aus dem Pazifik, Gemüse aus biologischem Anbau, Zwiebeln und Zucchini aus Maui, Kaffee und Schokolade von Big Island und Früchte wie Mangos und Papayas. Die Farmer der Inseln, nicht gerade mit Reichtum gesegnet, profitieren davon.

Dass in dem Klima Hawaiis so gut wie alles gedeiht, wussten bereits die ersten Polynesier. Sie pflanzten Bananen, Kokosnüsse, Äpfel, süße Kartoffeln und Kukui-Nüsse an, die geröstet, zerstampft und zu „Inamona" verarbeitet wurden, einem milden Gewürz, das heute noch Verwendung findet. Auch „Poi", ein aus den Körnern der spinatartigen Taro-Pflanze hergestellter Brei, ist auf den Speisekarten traditioneller Restaurants zu finden. Und schon im alten Hawaii fielen die Ernten üppig aus, sodass niemand Hunger leiden musste. Die Polynesier hatten Schweine und Hühner aus ihrer Heimat in der Südsee mitgebracht, und das Meer hielt einen grenzenlosen Vorrat an Fischen und Schalentieren bereit.

Beinahe alles, was in Hawaii verzehrt wird, wurde von Einwanderern auf die Inseln gebracht und in der tropischen Umgebung kultiviert. Um 1820 kamen weiße Missionare und Walfänger und beglückten die Hawaiianer mit den Früchten des historischen New England. Sie führten Rinder, Pferde, Schafe und zahlreiche Pflanzen von den Farmen im amerikanischen Osten auf ihren Schiffen mit und brachten den „Eingeborenen" bei, wie man Rostbraten und Kartoffelklöße, Pies und Pudding herstellt. Das „Kapu", das Frauen verbot, delikate Speisen wie Schweinefleisch und bestimmte Fische zu essen, war gerade erst aufgehoben worden.

1852 trafen die ersten Chinesen auf Hawaii ein, sie arbeiteten auf den Zuckerplantagen und weigerten sich beharrlich, hawaiische Speisen wie zum Beispiel Poi zu essen. Statt dessen pflanzten sie Reis und Gewürze auf den Inseln an. Über elftausend Portugiesen kamen zwischen 1878 und 1888 nach Hawaii und brachten „Pao doce" (süßes Brot), „Malassadas" (süßes Hefegebäck) und eingelegtes Fleisch sowie marinierten Fisch mit. Zwischen 1910 und 1940 würzten Filipinos die hawaiische Küche mit Spezialitäten wie Fischsoße, den Blättern der bitteren Melone, „Jicama" (Yambohne) und süßen Kartoffeln. Den jüngsten Beitrag leisteten Thais und Vietnamesen, die nach dem Vietnamkrieg kamen und Gerichte wie „Bun tom kang" (gebratene Garnelen), „Cha gio" (in Reispapier gewickelte Krabben) und „Chao tom" (Shrimpskuchen) mitbrachten.

Reizvolle Mixtur

Die hawaiische Küche, eine reizvolle Mixtur aus polynesischem Essen und der Küche der asiatischen und europäischen Einwanderer, entstand um 1880, als hawaiische, chinesische und japanische Arbeiter in denselben Dörfern wohnten. Sie probierten die Gerichte ihrer Nachbarn, tauschten Zutaten, mischten Gewürze und entwickelten eine neue Küche, die allen schmeckte. Die traditionellen Wurzeln gingen dabei nicht verloren. Zum japanischen Neujahrsfest werden auch heute noch „Sashimi" (roher Fisch) und „Mochi" (klebrige Reisklöße) serviert, und in den Sushi-Bars hat sich seit langer Zeit nichts verändert: Der rohe Fisch auf den essiggewürzten Reisbällchen ist inzwischen bei allen Hawaiianern beliebt.

Drei-Sterne-Koch Alan Wong weiß, warum die Bewohner der Inseln keine Angst vor exotischen Speisen haben: „Weil wir in der multikulturellen Gesellschaft aufwachsen, über die anderswo nur geredet wird. Ich bin in einer kleinen Stadt aufgewachsen, in der an einem einzigen Tag chinesische, koreanische, portugiesische und amerikanische Speisen auf den Tisch kamen. Wir sind toleranter und eher bereit, die Gerichte anderer Völker zu probieren."

Links:
Chef Yves Garnier gehört zu den Vertretern der Hawaiian Regional Cuisine, die sich fast ausschließlich auf landeseigene Zutaten verlässt: frischen Fisch aus dem Pazifik, Gemüse aus biologischem Anbau, Zwiebeln und Zucchini aus Maui.

Oben:
Tropische Drinks wie dieser Mai Tai gehören zu den Spezialitäten der Beach- und Pool-Bars. Wenn man Glück hat, werden die Fruchtsäfte sogar frisch gepresst.

Bilder rechts, von oben nach unten: *Wer einmal eine frische Papaya oder Guave in Hawaii gekostet hat, wird niemals wieder tropische Früchte in einem heimischen Supermarkt kaufen. Hawaii-Früchte sind saftiger und schmecken wesentlich intensiver.*

Die Echte Guave gehört zur Familie der Myrtengewächse. Der Baum wird ungefähr sechs Meter hoch. Die gelbliche Frucht schmeckt angenehm süß-säuerlich und hat einen besonders hohen Vitamin-C-Gehalt.

Die hawaiische Küche entstand um 1880, als hawaiische, chinesische und japanische Arbeiter in denselben Dörfern wohnten. Sie probierten die Gerichte ihrer Nachbarn, tauschten Zutaten, mischten Gewürze und entwickelten Speisen, die allen schmeckten.

Seafood kommt in Hawaii besonders frisch auf den Tisch. Der Fischmarkt in Honolulu braucht den Vergleich mit dem Pariser Markt nicht zu scheuen. Sterne-Köche wie Alan Wong kaufen frühmorgens dort ein.

Rechts:
Der Kualoa Regional Park an der Ostküste von Oahu ist besonders bei Schnorchlern beliebt. Der Wind hat den weißenSand- strand auf einen schmalen Streifen reduziert. Vor der Küste liegt die kleine Insel „Chinaman's Hat".

Unten:
Der Waimanalo Beach im südöstlichen Oahu bietet weichen Sand und gefahrloses Baden. Zur Plage werden lediglich manchmal die blauen Quallen.

Oben:
Zahlreiche Leuchttürme an der Küste von Hawaii sind immer noch in Betrieb und weisen den Schiffen den Weg. Die Lichter sind so stark, dass sie noch aus 30 Meilen Entfernung auf dem offenen Meer gesehen werden können.

Links:
Im Südosten von Oahu zieht sich der schmale Highway an den mit starker Vegetation bewachsenen Bergen entlang. Ein traumhafter Strand nach dem anderen taucht auf der Meeresseite auf. Vor der Küste liegen kleine Inseln.

Wenige Meilen von Haleiwa entfernt überspannt die 85 Jahre alte Rainbow Bridge den Anahula River. Zu beiden Seiten der Flussmündung erstreckt sich die spektakuläre Waialua Bay, ein Paradies für professionelle Surfer.

Surfer finden an der North Coast von Oahu ideale Bedingungen vor. Erfahrene Wellenreiter rasen geduckt über haushohe Wellen und durch die gefürchteten „Tubes", aus Wasser gebildete Röhren.

Rechte Seite:
Der Sunset Beach trägt seinen Namen zurecht. Wenn die Sonne untergeht, scheint hier der ganze Himmel zu brennen, und die Palmen heben sich wie Scherenschnitte gegen den Himmel ab. Auch tagsüber ist der Sunset ein Traumstrand.

Maui und Big Island –
exotische Blumen und glühende Lava

Seite 56/57:
Der Highway 137 führt südlich von Hilo nach Kaimu auf Big Island durch eine üppige Natur. Der Isaac Hale Beach Park lädt zum Schwimmen und Schnorcheln ein, im MacKenzie State Park kann man Wale beobachten.

Rechts:
Im Sommer bietet die North Coast im äußersten Norden von Oahu ein friedliches Bild. Die sanften Wellen sind sogar für Surf-Amateure zu meistern. Im Winter ändert sich das Bild – dann rauschen riesige Wellen heran.

Maui ist die zweitgrößte Insel des hawaiischen Archipels. Der westliche Teil wird durch eine schwer zugängliche Berglandschaft geprägt, im Osten ragt der Haleakala wie ein gewaltiger Kegel aus dem Land und bezaubert vor allem bei Sonnenaufgang, wenn er sich in das „Haus der Sonne" verwandelt. Im Schatten des Vulkans führt die legendäre Straße nach Hana an der Küste entlang. Ein „Highway der Träume", der durch einen tropischen Urwald und an romantischen Wasserfällen vorbei zu den Lavastränden im Osten führt. Die gewundene Straße klebt an den steilen Berghängen, klettert in fruchtbare Täler hinab und öffnet sich dem Pazifik, der silbern in der Sonne glänzt. In Kahului regiert der Kommerz und an der Küste von Kaanapali ragen luxuriöse Hotels empor, doch Lahaina, die ehemalige Hauptstadt, verzaubert immer noch mit historischen Häusern aus der Zeit der Walfänger. Im Iao Valley ragt eine 675 Meter hohe Felsnadel aus dem tiefgrünen Tal und lässt vergessen, dass in ihrem Schatten eine blutige Schlacht zwischen mauischen Kriegern und den königlichen Truppen von König Kamehameha stattfand.

Auf der Insel Hawaii, zur besseren Unterscheidung nur „Big Island" genannt, dominieren gewaltige Vulkane wie der Kilauea und der Mauna Loa. Nördlich von Kailua-Kona ragen luxuriöse Hotels wie paradiesische Inseln aus der brüchigen Lava. Rote Tennisplätze, grüne Rasenflächen, blaue Pools und bunte Blumen heben sich vom tiefen Schwarz der versteinerten Erde ab. Kailua-Kona ist eine geschäftige Kleinstadt an einer sonnigen Küste mit schwarzen Lavaklippen und weißen Sandstränden. In der Innenstadt und an der zerklüfteten Südküste erinnern zahlreiche Heiaus (Tempel) und historische Gebäude an die bewegte Vergangenheit. Im Osten der Insel bezaubert Hilo mit romantischen Steilküsten und bunter Blumenpracht. Pastellfarbene Häuser versprühen karibischen Charme. Big Island klammert sich an die Vergangenheit, und die glühende Lava des Kilauea im Hawaiian Volcanoes National Park erinnert daran, dass Pele, die legendäre Vulkangöttin, auf dieser Insel immer noch das Sagen hat.

Oben:
Außer seinen Vulkanen
hat Big Island vor allem im
Osten unverfälschte Natur
zu bieten. Der Wasserfall
des Maulua Streams gehört
zu den meistfotografierten
Motiven der Insel, die
auch mit tropischem Regenwald aufwartet.

Rechts:
Inmitten tropischer
Vegetation im Isaac Hale
Beach Park liegt eine
heiße Quelle. Leider gilt
der Platz als bevorzugtes
Brutgebiet von Moskitos.
Der Strand liegt am öst-
lichen Ende der Pohoiki
Bay, ist zum Schwimmen
aber zu gefährlich.

Oben:
Auf der Chain of Craters Road im Süden des Hawaiian Volcanoes National Parks dürfen Urlauber bis auf wenige Meter an die fließende Lava heran.

Kleine Bilder links:
Schwarze Lavastreifen begrenzen den Highway bei Kiholo (ganz links oben).
Inmitten der Lava am Black Sand Beach ragen grüne Farne empor (links oben).
Der Punaluu Beach, auch Black Sand Beach genannt, ist für eben seinen schwarzen Sand bekannt (ganz links unten).
Im Hawaii Volcanoes National Park führen der Crater Rim Drive um den Krater des Kilauea und die Chain of Craters Road durch das Lava-Gebiet (links unten).

HAWAIIAN VOLCANOES –
IM REICH DER GÖTTIN PELE

Die hawaiischen Inseln haben ihre Entstehung gewaltigen Vulkanausbrüchen zu verdanken, die vor siebzig Millionen Jahren zum ersten Mal für Unruhe im pazifischen Raum sorgten und bis heute andauern. Die Inseln liegen über einem „Hot Spot", einer Ansammlung von kochender Magma, die sich durch schwache Stellen in der Erdkruste in heftigen Vulkanausbrüchen entlädt. Auf dem Meeresboden entstehen Vulkane, die ihre Lava ins Meer pumpen, zu gewaltigen Bergen anwachsen und irgendwann einmal aus dem Wasser ragen und zu Inseln werden. So entstanden die Inseln des hawaiischen Archipels, zuerst die Midway Islands, dann Kauai und Oahu und zuletzt Maui und Big Island, das immer noch wächst. Im Hawaiian Volcanoes National Park fließt ständig Lava und macht die Insel größer. Und im Meer entsteht bereits eine neue Insel, die in etwa 20 000 Jahren aus dem Meer ragen wird. Die Geologen haben ihr bereits einen Namen gegeben: Loihi.

Der Legende nach ist Pele, die Göttin der Vulkane, für die Ausbrüche auf den Inseln verantwortlich. Auf der Chain of Craters Roa, im Süden des Hawaiian Volcanoes National Park, dürfen Urlauber bis auf wenige Meter an die fließende Lava heran. „Der Kilauea auf Big Island ist der einzige ‚Drive-In-Vulkan' der Welt", sagt die Park Rangerin. Die Lava der Schildvulkane ist dünner, erkaltet zu flachen Bergen, die nicht mit der tödlichen Wucht eines Fujiyama ausbrechen. Wenn die heiße Magma nach oben drückt, dringt die Lava aus zahlreichen Öffnungen in der Erde, wie eine Quelle, die behäbig aus den Felsen fließt." Glühend, aber nicht so gefährlich wie bei anderen Vulkanen, bewegt sie sich dem Ozean entgegen, wachsam beobachtet vom Volcano Observatory.

Feuergrube des Halemaumau

Über ein Gebiet von 377 Quadratmeilen erstreckt sich der Hawaiian Volcanoes National Park, ein riesiges Naturschutzgebiet mit zerklüfteten Lavalandschaften und tiefgrünen Farndickichten. Pele wohnt in der Feuergrube des Halemaumau, einem kegelförmigen Krater des Kilauea. Im Wald ist ihre Lava zu einer steinernen Röhre erstarrt, der Thurston Lava Tube, die wie der Eingang zu einer verzauberten Mine aus dem Dickicht ragt. Südlich des Kilauea, im Puna District, treibt sie die Lava aus kleinen Kratern und qualmenden Löchern. Der Feuerstrom erkaltet im Pazifik. In der Ferne ragt der Gipfel des Mauna Loa aus den Wolken. Nur geübte Wanderer schaffen den beinahe

dreißig Kilometer langen Trail und genießen die Rundsicht vom 4169 Meter hohen Gipfel. Am 29. November 1975, als Pele besonders wütend war, tobte sie am Kilauea. Die Lava riss zwei Menschen in den Tod, und eine gewaltige Flutwelle schlug gegen die Küste. Von dem Erdbeben, das die Katastrophe begleitete, wachten sogar Leute in Maui auf.

Einzigartiges Schauspiel

Mit einem einzigartigen Schauspiel werden die Frühaufsteher belohnt, die noch vor Sonnenaufgang zum Krater des Haleakala in Maui hinauffahren. Der Weg zum Krater führt über die Haleakala Crater Road in luftige Höhen, eine kurvenreiche Straße und eine bevorzugte Piste für Mountainbiker. 3055 Meter ragt der Haleakala aus dem Meer, aber rechnet man die 5791 Meter unter dem Pazifik dazu, gehört er zu den höchsten Gipfeln der Erde. Der Haleakala ist das Haus der Sonne, sagen die Bewohner von Maui und beobachten ehrfürchtig, wie sich der feurige Planet morgens aus dem Krater erhebt und abends darin versinkt. Wie gebannt stehen sie zwischen den bunten Felsen, den Blick auf die Wellen des erstarrten Meeres gerichtet, das unter der Sonne zum Leben erwacht. Der Krater bedeckt ein Gebiet von fast zwanzig Quadratmeilen und hat einen Umfang von einundzwanzig Meilen. Für die meisten Hawaiianer ist er immer noch ein Ort mit magischen Kräften und die Heimat von Pele, der geheimnisvollen Vulkangöttin.

Links:
Im Nanawale Forest liegt das Lava Tree State Monument. Vor Hunderten von Jahren wälzte sich glühende Lava über einen kleinen Bestand von Ohia-Bäumen. Als die Bäume starben, blieben die schwarzen Lava-Formen zurück.

Oben:
Der Kilauea gehört zu den aktivsten Vulkanen der Welt. Die Inseln liegen über einem „Hot Spot", einer Ansammlung von kochender Magma.

Rechts oben:
Noch immer spuckt der Kilauea glühende Lava. Seit 1983 fließt sie so langsam, dass sie keine Gefahr für die Besucher des Nationalparks darstellt. Die Park Ranger überwachen die Straße und informieren dicht vor der Lava Flow.

Rechts Mitte:
Vom Leleiwi hat man den besten Ausblick in den staubigen Krater des Haleakala. In allen Farben schillern Asche und Lava. Zum Krater des Vulkans führt eine gewundene Bergstraße, eine beliebte Abfahrt für Mountainbiker.

Rechts:
Der Devastation Trail im Hawaii Volcanoes National Park führt durch eine bewaldete Gegend, die vom Ausbruch des Kilauea im Jahr 1959 am meisten betroffen war. Am Black Sand Beach erinnert schwarzer Sand an Eruptionen.

Oben:
Auf einem ehemaligen
Zuckerrübenfeld bei Hilo
(Big Island) locken die
World Botanic Gardens mit
der vielfältigen Flora der
Inseln und den spekta-
kulären Umauma Falls, die
man über einen Pfad in
einem kleinen Regenwald
erreicht.

Rechts:
Über 5000 Blumen-
arten präsentiert der
Botanische Garten auf der
Insel Hawaii, darunter
zahlreiche Orchideen-
arten, aber auch tropische
Obstbäume, Heilkräuter
und seltene Farne. Auf die
Kinder wartet ein Irrgarten.

Links:
Elf Meilen nördlich von Hilo (Big Island) liegt der Akaka Falls State Park. Ein schmaler Trail führt an der Schlucht entlang und bietet großartige Ausblicke auf die Akaka und die Kahuna Falls, zwei eindrucksvolle Wasserfälle.

Unten:
Die Legende will wissen, dass Unmengen von Regen in die Schlucht rauschen, wenn ein bestimmter Stein vom Zweig eines bestimmten Ohia-Baumes berührt wird. Niemand hat den Stein jemals gesehen.

Rechts:
Der Mauna Kea (Weißer Berg), ein passiver Vulkan, ist mit 4214 Metern der höchste Berg der Hawaii-Inseln. Da er vom Meeresgrund in die Höhe ragt, ist er mit circa 10 200 Metern eigentlich auch der höchste Berg der Erde.

Unten:
In den Ausläufern der Waimea-Berge liegt die historische Anna Ranch. Sie wurde 1850 von James Fay und seiner hawaiischen Frau Kaipukai gegründet. Anna, die Namensgeberin der Ranch, war die Ur-Ur-Enkelin des Ehepaars.

Oben:
Das Waipio Valley liegt an der Hamakua Coast im Nordosten von Big Island und ist das größte von sieben Tälern in den Kohala Mountains. Am Ufer des Waipio Rivers lebten zahlreiche Könige der Hawaii-Inseln, deshalb der Beiname „Valley of Kings".

Links:
Über eine Sandstraße auf Big Island erreicht man Mookini Heiau, einen 1500 Jahre alten Tempel, den größten der Inseln. Er wurde in einer Nacht erbaut und war Ku, dem hawaiischen Gott des Krieges, gewidmet.

Seite 66/67:
An der Küste im Lapakahi State Historical Park. Er markiert ein historisches polynesisches Dorf. Die Siedlung entstand im 14. Jahrhundert. Ein Teil des Dorfes wurde restauriert, die Grundmauern und einige der Hauswände stammen von den Originalen.

Die erste christliche Mokuaikana-Kirche wurde den Missionaren bereits 1820 von König Kamehameha II. geschenkt. Die neue Kirche in Kailuakona wurde den Missionaren im Jahr 1837 von Gouverneur Kuakini übergeben.

Unterhalb des Mona Lau liegt die Painted Church. Die Kirche stand ursprünglich in Kapalelua und war als St. Francis Regal Chapel bekannt. 1899 wurde sie nach Honaunau verlegt und dem Heiligen Benedikt gewidmet.

Rechte Seite:
Im Inneren rechtfertigen riesige Gemälde den Namen der Painted Church. Father John Berchmans Velghe aus Belgien, der 1904 aus gesundheitlichen Gründen in seine europäische Heimat zurückkehren musste, fertigte die Gemälde selbst an.

Seite 72/73:
*Zum Waianapanapa State
Park bei Hana gehören ein
Lavastrand mit schwarzem
Sand, mehrere Höhlen,
ein Felsbogen, zahlreiche
Wanderwege und die Über-
reste des alten King's
Highway, der rund um Big
Island führte.*

Unten:
*Der Puuhonua o Honaunau
National Historical Park
vereint die Gebäude eines
historischen Tempels, der
bis ins 19. Jahrhundert die*

*letzte Zuflucht für
hawaiische Gesetzes-
brecher war. Die Priester
besaßen die Macht, sie
freizusprechen.*

Kleine Bilder rechts: Im Holoholokai Beach Park an der Kohala Coast findet man bis zu tausend Jahre alte Petroglyphen in den Felsen. Der Malama Trail führt durch den schattigen Kiawe Forest. In den Felsen finden sich über hundert Einkerbungen.

Oben:
*Die schmalen Trails
im Waianapanapa State
Park führen zu tiefen
Höhlen, die während
mehrerer Vulkan-
ausbrüche entstanden
und mit verzweigten
Gängen und in zahl-
reichen Farben schillern-
dem Gestein locken.*

Rechts:
*Der Waianapanapa State
Park im Osten der Insel
Maui präsentiert eine
zerklüftete Lavaküste mit
zahlreichen Blowholes.*

Links:
Die sichelförmige Hamoa Bay auf der Insel Maui gehörte zu den Lieblingsplätzen der Autoren Mark Twain und James A. Michener, der dort auch Teile seines Bestsellers „Hawaii" schrieb. Der dunkle Sand besteht aus Lava und Korallen.

Unten:
Am Ende der Ulaino Road in dem abgelegenen, aber sehr authentischen Städtchen Hana liegt der Blue Pond. Das kleine Becken mit dem extrem blauen Wasser und einem kleinen Wasserfall liegt auf einem Privatgrundstück.

Oben:
Die Straße nach Hana
wurde 1927 mit Pickel und
Schaufel aus dem Vulkan-
gestein der Küste heraus-
gemeißelt. 617 Kurven und
56 einspurige Brücken
soll es auf dem legendären
„Highway der Träume"
geben.

Rechts:
Inzwischen wurde
die Straße nach Hana
asphaltiert, aber ein
Abenteuer ist die Fahrt
auch heute noch. Immer
wieder taucht das Meer
zur rechten Seite auf oder
man passiert idyllische
Wasserfälle.

Links:
Hana, die kleine Stadt am Ende des abenteuerlichen Highways, hat sich viel vom Charme der Jahrhundertwende bewahrt. Die Sea Ranch Cottages gehören zum exklusiven Hotel Hana Maui, einem bevorzugten Ort für Hochzeiten.

Unten:
Das Hotel Hana Maui liegt abseits der Hauptstraße oberhalb der romantischen Hana Bay, einer der schönsten und abgelegensten Buchten an der Küste von Maui. James A. Michener nannte sie „eine der perfektesten Buchten im Pazifik."

Links oben:
Vom Leleiwi Overlook blickt man in den gewaltigen Krater des Haleakala, der besonders *bei Sonnenaufgang ein spektakuläres Schauspiel der Farben bietet. Ein Wanderweg führt in den Krater hinab.*

Links Mitte:
Der Cardinal, der seinen Namen seinem kardinal- rotem Gefieder zu verdanken hat, gehört

zu den heimischen Vögeln in Hawaii. Die Vögel, die auch in anderen Farben auftauchen, werden 12 bis 25 Zentimeter groß.

Links unten:
Das Haleakala Silversword, das ausschließlich auf den zwei- bis dreitausend Meter hohen Hängen des gleichnamigen Vulkans anzutreffen ist, steht auf der Liste der gefährdeten Pflanzen.

Unten:
Vor vielen hundert Jahren war der Haleakala deutlich höher. Die Erosion ließ den Kegel einfallen und brachte die Vertiefung hervor, die man heute auf dem Gipfel antrifft. Weitere Ausbrüche schufen die kegelförmigen Aschegebilde.

Rechts:
Baumriese am Waimoku
Falls Trail. Er führt zu
den gleichnamigen
Wasserfällen, oft als die
schönsten Wasserfälle
der Insel Maui bezeichnet.
Die Wassermassen stürzen
130 Meter tief in ein Fels-
becken aus schwarzer Lava.

Unten:
Der zwei Meilen lange
Trail führt durch einen
dichten Bambuswald, der
an Thailand erinnert.
Der Bambus ragt mehrere
Meter hoch über dem
schmalen Wanderweg
empor. Unterwegs kommt
man an den Makahiku
Falls vorbei.

Oben:
Auch die zerklüftete Küste bei Kipahulu gehört zum Haleakala National Park. Der Pipiwai Trail folgt dem gleichnamigen Fluss bis zu den Lower Pools.

Ganz links:
Die Ausläufer des Vulkans überraschen mit einer tropischen Wildnis und zahlreichen Wasserfällen. In den Becken schwimmen Shrimps, vor der Küste kann man Wale, Delfine und Schildkröten beobachten.

Links:
Das Grand Wailea Resort auf Maui gehört zu den mehrfach preisgekrönten Luxusherbergen der Insel. Direkt an einem weißen Sandstrand gelegen, lockt es auch mit einer Vielzahl von überwältigenden Pools.

Seite 82/83:
Grenzenlosen Luxus bietet auch die Hono Huaka Tropical Plantation. Inmitten eines tropischen Waldes kann man in einem Klippenhaus über dem Ozean oder in einem luxuriösen Baumhaus wohnen.

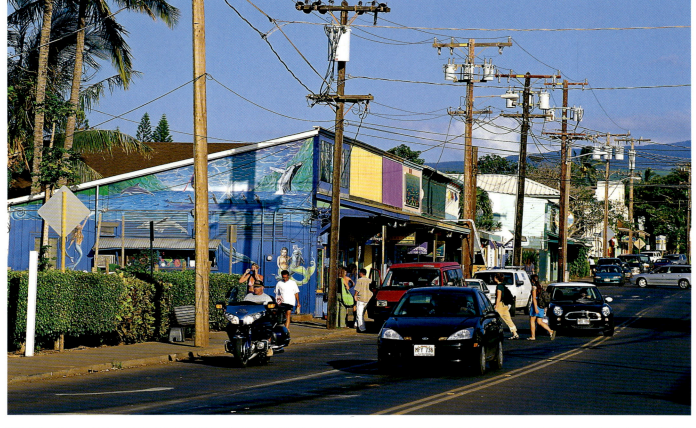

Paia ist ein lebendiges Künstlerdorf mit zahlreichen Galerien und Specialty Shops. Die jungen Surfer von Maui haben es zu ihrem Treffpunkt erkoren. In der kleinen Stadt gibt es nur eine einzige Verkehrsampel.

In den 1930er-Jahren war Paia die Hauptstadt der Zuckerindustrie. Die alte Zuckerfabrik, die damals den ganzen Ort ernährte, kann man am Highway 300 besichtigen. Östlich von Paia liegt ein buddhistischer Tempel, religiöser Treffpunkt der Arbeiter.

Mit seinen Holzhäusern
und Fassaden erinnert
Makawao an eine Stadt
aus dem Wilden Westen.
Außerhalb der Stadt
liegen zahlreiche Ranches,
und das jährliche Rodeo
gehört zu den Höhepunkten
– neben einer lebendigen
Kunstszene.

In sieben polynesischen
Dörfern leben die jungen
Polynesier wie einst in
Hawaii, Somoa, Tahiti oder
Fidji. In den zahlreichen
Shops bieten sie Kunst-
handwerk aus ihrer alten
Heimat an. Abends finden
farbenprächtige Feste statt.

Seite 86/87:
*In Kaanapali an der
Westküste von Maui liegen
einige der luxuriösesten
Hotels der Insel und ein
traumhafter Sandstrand.
In der Vergangenheit
stand hier ein Tempel,
später vergnügten sich
die Royals an dem
königlichen Strand.*

Unten:
Das historische Pioneer
Inn, im Jahr 1901 erbaut,
erinnert an die großen
Zeiten der Walfänger.
Das Hotel liegt im Hafen
von Lahaina, nur wenige
Schritte von den zahl-
reichen Restaurants
und Bars der lebhaften
Stadt entfernt.

Rechts oben:
Die Front Street, die
Lebensader des
touristischen Lahaina,
lockt mit einer Vielzahl
von kleinen Museen,
Restaurants und
Andenkenläden. In den
Kneipen unterhalten
Musiker, die Restaurants
reichen von rustikal
bis elegant.

Rechts Mitte:
Zu den sehenswerten
Museen der Front Street
gehören das Baldwin
House, das 1834 aus
Korallen und Stein erbaut

wurde und einem
Missionar gehörte, und
das Lahaina Courthouse,
in dem früher auch der
Gouverneur arbeitete.

Rechts unten:
*Kleine Museen und
die eleganten Häuser der
Kapitäne in Lahaina
erinnern noch heute an
die Walfängerzeit. In
den Shops kann man*

*„Scrimshaw" kaufen,
gravierte Walknochen
und Elfenbein. Mit den
Gravuren vertrieben
sich zahlreiche
Walfänger die Zeit.*

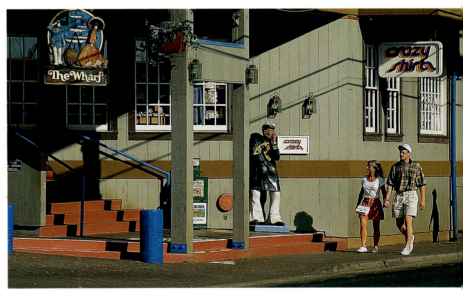

Rechts:
Musik und Tanz sind den Hawaiianern ebenso wichtig wie traditionelles Essen. Beim Old Laheina Luau in Laheina treten einige der besten Tänzerinnen der Insel auf.

Unten:
Die meisten Songs wurden dem amerikanischen Geschmack angeglichen und entsprechend arrangiert, die Tänze erinnern manchmal an farbenprächtige Hollywood-Musicals.

Oben:
Das Old Laheina Luau gehört zu den spektakulärsten Festen auf Maui. Beim Luau wird ein Schwein in Bananen- und Ti-Blätter gewickelt und neun Stunden in einem Erdofen gebacken. Zum Essen treten Musikgruppen und Tänzer auf.

Links:
Nach der hawaiischen Mythologie brachte die Göttin Laka den Hawaiianern den Hula bei. Anfangs war der Tanz den Männern vorbehalten. Die Schritte und Gesten des Hula erzählten ursprünglich eine Geschichte.

Seite 92/93:
*Außerhalb von Lahaina
lässt die Hektik nach.
An den einsamen Stränden
nördlich der Stadt kann
man sogar einen einsamen
Sonnenuntergang genie-
ßen. Wer den Trubel will,
bleibt auf der Front Street.*

*Am Piilani Highway liegt
die historische Ulupalakua
Ranch. Mitte des 19. Jahrhunderts war die Ranch
der größte Zuckerproduzent
der Insel und Treffpunkt
für König Kamehameha
und seine Freunde und
Bekannten.*

*Die endlos erscheinenden
Weiden der Ranch am
Piilani Highway ziehen
sich von der Pazifikküste
bis in 2000 Meter Höhe.
Rinder und Pferde
weiden im Schatten von
Jacaranda-Bäumen.*

*Linke Seite:
Der Piilani Highway
verbindet North mit South
Kihei und zieht sich an
der südlichen Küste Mauis
entlang. Die gewundene
Straße ist wenig befahren
und führt durch die vulkanischen Ausläufer des
Haleakala National Parks.*

Rechts:
Die Insel Maui besteht aus zwei Vulkanen, die durch das Central Valley verbunden sind. Die meisten Resorts liegen westlich der West Maui Mountains an der Küste. Der Osten wird vom Haleakala beherrscht.

Unten:
Der Norden von Maui lockt mit üppiger Natur und tropischem Klima. Windsurfer fühlen sich an der zuweilen stürmischen Küste besonders wohl, zum Baden sind die Strände oft zu gefährlich. Hier war auch das Zentrum der Zuckerindustrie.

Oben:
Der Papalua Beach liegt zwischen Lahaina und Ukumehame im Westen von Maui. Der Strand ist besonders bei Schnorchlern beliebt, die im Osten hervorragende Bedingungen vorfinden. Der Westen lockt erfahrene Surfer.

Links:
Der Hookipa Beach im nördlichen Maui gilt als der weltbeste Strand für Windsurfer. Hier werden die Weltmeisterschaften und zahlreiche andere Wettbewerbe ausgetragen.

Catch the Wave — vom Wellenrutschen zum Volkssport

Surfen war schon vor der Ankunft von Captain Cook populär. Die Hawaiianer nannten es „he'enalu", „auf der Welle rutschen", und hinterließen Felsgemälde von kühnen Surfern. Der Pazifik ist trotz seines „friedlichen" Namens für wilde Stürme bekannt und bildet meterhohe Wellen, die mit unvorstellbarer Gewalt auf die Küsten der Inseln zurollen. Viele Inselbewohner nutzten die Kraft dieser Wellen und vertrieben sich die Zeit mit wagemutigen Ritten. Vor allem junge Leute rutschten auf kurzen Bodyboards über die Wellen. Wann zum ersten Mal ein Insulaner auf einem größeren Brett über die Wellen glitt, ist heute nicht mehr feststellbar, aber es gilt als sicher, dass es schon um 2000 v. Chr. Surfer gab.

Auch in Tahiti wurde gesurft, aber nur in Hawaii ritten die Eingeborenen auf den zwei Meter langen und einen halben Meter breiten Brettern, die heute noch benutzt werden. Sie waren ungefähr fünfzehn Zentimeter dick und wogen über siebzig Kilo. In Hawaii surften Männer, Frauen und Kinder, trieben sich Könige und Untertanen in der Brandung herum. Erst im 19. Jahrhundert verschwanden die Surfer von der Bildfläche. Schuld daran waren europäische Besucher, die unheilbare Krankheiten auf die Inseln brachten. Viele tausend Menschen starben, und mit den Hawaiianern und dem Verlust ihrer Tradition ging auch das Surfen unter. Die Überlebenden hatten keine Lust mehr, auf Wellen zu reiten.

Nationalheld Duke Kahanamoku

Ausgerechnet ein Hawaiianer irischer Herkunft belebte den alten Sport wieder. George Freeth wurde zum Helden unzähliger Schuljungen, die das tosende Meer neu entdeckten und auf kleinen Brettern über die Wellen tanzten. Das war Anfang des 20. Jahrhunderts. Um 1907 ließ sich Alexander Hume Ford, ein junger Abenteurer vom Festland, auf den Inseln nieder und war so begeistert von dem „neuen" Sport, dass er eine Schule für junge Surfer gründete und sogar „Wolfsblut"-Autor Jack London das Surfen beibrachte. Duke Kahanamoku, ein direkter Nachkomme von König Kamehameha, wurde dann zum neuen Helden einer Jugend, die wieder mit Begeisterung bei der Sache war und sogar Wettbewerbe abhielt. Er wurde am 24. August 1890 in Hawaii geboren, stellte 1911 einen Schwimmrekord über 100 Yards auf und gewann Goldmedaillen in vier Olympischen Spielen. Der Ozean war seine Heimat. Er schwamm, bevor er laufen konnte, und zählte im Schwimmen, Bodysurfen, Tauchen, Paddeln und Surfen zu den besten. Am Waikiki Beach erinnert ein Denkmal an den Nationalhelden.

Nichts für schwache Nerven

Inzwischen boomt der Sport, und überall in der Brandung vor Oahu toben junge Surfer auf den Wellen. Die Bretter sind leichter geworden, bestehen aus Fiberglas und ermöglichen erfahrenen Surfern, fast jede Brandung zu besiegen.

Links:
Am Waikiki Beach erinnert ein Denkmal an Duke Kahanamoku, den besten Surfer aller Zeiten. Der Ozean war seine Heimat.

Oben:
Windsurfing ist in den USA lange nicht so populär wie in Europa. Hawaii bildet eine Ausnahme: An den windigen Stränden, vor allem am Hookipa Beach, herrschen ideale Bedingungen für Windsurfer.

„High-Performance Surfing" heißt das neue Schlagwort, ähnlich wild wie das Snowboarding der Wintersportler und sehr gefährlich, wenn man sein eigenes Können überschätzt und es mit einer übermächtigen Brandung aufnimmt. Die Profis treffen sich an der North Shore von Oahu, dem Paradies für Surfer und vielleicht die gefährlichste Brandung der Welt. Über zehn Meter werden dort die Wellen hoch, aber nur im Winter, wenn am Sunset Beach und in der Waimea Bay internationale Meisterschaften abgehalten werden. Kein Sport für schwache Nerven. „Du kannst dir nicht vorstellen, was das für ein Gefühl ist, durch den Tunnel einer riesigen Welle zu brausen", schwärmt Stuart Sakoeki, der junge Chefredakteur eines Surfer-Magazins und selber ein begnadeter Wellen-reiter, „du hörst das Tosen des Wassers, und dann wird es plötzlich ganz still!"

Kleine Bilder rechts, von oben nach unten:
Schon bei der Ankunft von Captain Cook ritten die Hawaiianer auf zwei Meter langen und einen halben Meter breiten Brettern.

Die Profis treffen sich an der North Shore von Oahu, dem Paradies für Surfer und vielleicht die gefährlichste Brandung der Welt. Nur erfahrene Profis meistern die haushohen Wellen und gefährlichen Tubes.

High-Performance Surfing nennen Professionals ihren Sport. Die Bretter sind leichter geworden, bestehen aus Fiberglas und ermöglichen erfahrenen Surfern, fast jede Brandung zu besiegen.

Links oben:
Zwischen November und Mai tauchen über tausend Buckelwale vor der Küste von Hawaii auf. Sie kommen aus Alaska und Kanada, um in den warmen Gewässern des Pazifiks zu überwintern und ihre Jungen aufzuziehen.

Links Mitte:
Die 3500-Meilen Reise von den kalten Gewässern des Nordens in die tropischen Gebiete von Hawaii dauert ein bis zwei Monate.

Links unten:
Der Buckelwal ist der fünftgrößte Wal der Welt. Neugeborene Wale wiegen ungefähr 1500 Kilo und sind ungefähr fünf Meter lang. Ausgewachsene Tiere wiegen ungefähr 45 000 Kilo und messen ungefähr fünfzehn Meter.

Seite 100/101:
Vor der Küste von Hookipa
Beach wimmelt das
Meer von bunten Segeln.
Erfahrene Windsurfer
aus allen Teilen der Welt
trainieren für die Welt-
meisterschaften, die
an diesem Strand auf
Maui stattfinden.

Unten:
Molokini, die
sichelförmige Insel vor
der Küste von Maui, ist
unbewohnt. Sie wird
durch die Überreste eines
Kraterrandes eines vor
langer Zeit erloschenen
Vulkans gebildet. Im
Zweiten Weltkrieg wurde
über der Insel das Bom-
bardieren geübt.

Kauai, Molokai, Lanai –
wo Hawaii am ursprünglichsten ist

Vom Hanalei Lookout hat man einen herrlichen Ausblick auf die grünen Taro-Felder im Hanalei Valley. Zahlreiche Bewässerungsgräben sichern die Ernte des traditionellen Gemüses.

Steile Felsklippen, tropische Urwälder, sprudelnde Wasserfälle und romantische Buchten: Kauai kommt dem tropischen Paradies aus unseren Träumen am nächsten. Die „Garteninsel" nennen die Einheimischen sie wegen ihrer üppigen Vegetation.

Im Westen führt eine steile Straße zum Waimea Canyon hinauf. Der „Grand Canyon des Pazifiks", wie Hawaii-Tourist Mark Twain ihn nannte, erinnert an die große Schlucht des Colorado und verzaubert mit farbenprächtigen Felsentälern und tiefgrünen Wäldern. Am Ende der Straße steht man am Rand der tausend Meter aufragenden Steilklippen und blickt ins Kalalau Valley hinab.

Die felsige Na Pali-Küste im Norden von Kauai gehört zu den schönsten und aufregendsten Gebieten der Erde. Steile Felswände erheben sich in den Himmel und werfen lange Schatten auf das Meer. Unterhalb der schroffen Felsen erstrecken sich weiße Sandstrände. Der Kalalau Trail, der berühmteste Wanderweg der Insel, führt an der Küste entlang durch tropische Wälder und über luftige Felskämme zum Kalalau Valley. Das größte Tal der Na Pali-Küste hat sich drei Kilometer in die Felsen gegraben und lockt mit Wasserfällen und wilden Früchten. In diesem Paradies wurden Filme wie „Jurassic Park" und „King Kong" gedreht.

Auf Molokai, der fünftgrößten Insel des Archipels, gibt es keine Betonklötze, keine Einkaufszentren, kein McDonald's und nicht einmal eine Verkehrsampel. Ihren Besuchern hat die Insel eindrucksvolle Klippen, einen weiten Sandstrand und das romantische Hawaii des 19. Jahrhunderts zu bieten. Nur auf Maultieren oder mit dem Flugzeug erreicht man den Kalaupapa National Historical Park, die einstige Leprasiedlung.

Lanai, die kleinste Hawaii-Insel, trug jahrzehntelang den Beinamen „Pineapple Island", weil 90 Prozent des Landes zum Anbau von Ananas dienten. Inzwischen wird die goldene Frucht in Asien geerntet, und Lanai verwandelte sich in ein Paradies für Golfer mit zwei luxuriösen Hotels. Abseits der Resorts führen holprige Trails durch eine urwüchsige Landschaft zur Küste.

Zu beiden Seiten des Waikomo Rivers auf Kauai erstreckt sich der Poipu Beach, der vielleicht schönste Strand der Insel. Die Verwüstungen durch Hurrikan Iniki, der 1992 über der Insel wütete, sind kaum noch zu sehen.

Ungefähr eine Meile westlich von Poipu schießt das Meerwasser durch eine runde Öffnung in der schwarzen Lavaküste. Die Fontäne steht unter einem ungeheuren Druck und kann bis zu fünfzehn Meter hoch werden.

Im Norden von Kauai liegen einige der exklusivsten Strände der Insel. Riesige Golfplätze säumen luxu- riöse Resort-Hotels mit weißen Privatstränden. Von dort sind es nur ein paar Meilen bis zur Na Pali Coast.

Jenseits von Waimea erkennt man Niihau, mit 180 Quadratkilometern die kleinste der bewohnten Hawaii-Inseln. Sie ist seit 1864 im Besitz der Robinson-Familie und wird auch „Vergessene Insel" genannt, weil sie auf manchen Karten nicht auftaucht.

Rechts:
Jeden 26. Mai feiert Kauai den Prince Jonah Kuhio Kalanianaole Day. Prince Kuhio, 1871 auf Kauai geboren, diente zwischen 1903 und 1921 als Abgesandter des Hawaii-Territoriums im Kongress von Washington.

Unten:
Kuhio war auch als „Bürgerprinz" bekannt und sollte neuer König werden. Das Ende der Monarchie in Hawaii (1893) machte seinen Ambitionen ein rasches Ende. Mit Paraden, Tänzen und Gesängen feiern die Hawaiianer den Prince Kuhio Day. Der Prinz gehört immer noch zu den beliebtesten Royals.

In Waimea ging Captain James Cook während seiner dritten Pazifik-Reise an Land. Seine Crew brachte die Krankheiten des weißen Mannes auf die Inseln, auch deshalb wurde die Bucht von Waimea nicht nach ihm benannt.

Hanapepe an der Südküste von Kauai wurde als Kulisse der TV-Serie „Die Dornenvögel" bekannt. Chinesische Farmer bauten die heute verschlafene „größte kleine Stadt an der Südküste von Kauai" im späten 19. Jahrhundert auf.

Oben:
Der „Grand Canyon
des Pazifiks", wie Hawaii-
Tourist Mark Twain den
Waimea Canyon nannte,
erinnert an die große
Schlucht des Colorado und
verzaubert mit farben-
prächtigen Felsentälern
und tiefgrünen Wäldern.

Rechts:
An mehreren Aussichts-
punkten des Waimea
Canyons steht man am
Rand der tausend Meter
aufragenden Steilklippen
und blickt ins Kalalau
Valley hinab. Die Felsen
leuchten in allen Rot- und
Brauntönen.

Oben:
Im Kokee State Park blickt man aus über 1200 Metern Höhe in das tiefgrüne und mit tropischen Pflanzen bewachsene Kalalau Valley und bis zur Na Pali Coast hinab.

Links:
Die meisten Besucher kommen wegen der großartigen Ausblicke und der tropischen Flora und Fauna in den Kokee State Park.

Seite 112/113:
Die felsige Na Pali-Küste im Norden von Kauai gehört zu den schönsten und aufregendsten Gebieten der Erde. Steile Felswände, mit dichtem Grün bewachsen, erheben sich in den Himmel und werfen lange Schatten auf das Meer.

Links oben:
Im Hanalei Valley wurde Taro schon vor Jahrhunderten angebaut. Chinesische Einwanderer nutzten die Felder zwischenzeitlich für den Reisanbau. Heute werden sie wieder für den Anbau der hawaiischen Nutzpflanze genutzt.

Links Mitte:
Gegessen werden die stärkehaltigen Knollen der Taro-Pflanze, ähnlich wie Kartoffeln. Auch als Poi, eine hawaiische

Paste, werden sie konsumiert. Die Blätter, reich an Vitaminen, kommen als Gemüse auf den Tisch.

Links unten:
Westlich von Princeville erstreckt sich die sichelförmige Hanalei Bay. Mit dem Kajak kommt man bis dicht an die großartige Küste heran. Zahlreiche Veranstalter bieten Bootstouren durch die Bucht und zur Na Pali Coast an.

Unten:
Zum Schwimmen eignen sich die Gewässer der Hanalei Bay weniger. Die starken Strömungen sind zu gefährlich. Lediglich am Waikoko Beach, dicht neben der Mündung des Waioli Streams, kann man ungehindert baden.

HAWAII VISITORS BUREAU MARKER

HANALEI VALLEY LOOKOUT

Oben:
Vom Princeville Hotel an der Nordküste von Kauai hat man freie Sicht auf die Hanalei Bay. Princeville ist ein verschlafenes Städtchen, das nur aus ein paar Häusern besteht und an die Kolonialzeit erinnert.

Rechts:
Die Waioli Huiia Church in Hanalei wurde 1841 von Missionaren erbaut. Mit ihrer grünen Holzfassade und den bunten Fenstern gehört die Kirche zu den schönsten Gebäuden von Kauai.

Oben:
Oberhalb der pittoresken Hanalei Bay liegt das Princeville Hotel, ein luxuriöses Resort mit zwei World-Championship-Golfplätzen, einem exklusiven Wellness-Bereich, einem Strand, Pools und erstklassiger Küche.

Links:
Im Waioli Mission House in Hanalei wohnten mehrere Generationen zweier Missionarsfamilien. In dem Haus stehen noch einige ihrer Originalmöbel. Seit dem frühen 19. Jahrhundert waren Missionare auf Kauai aktiv.

Links:

Im Kilauea Point National Wildlife Refuge bei Kuhio haben seltene Meeresvögel eine geschützte Heimat gefunden.

Fregattenvögel und Albatrosse gehören zu den regelmäßigen Besuchern in diesem Naturschutzgebiet.

Oben:

Hinter dem Besucherzentrum führt ein schmaler Trail zum Kilauea Lighthouse. Der historische

Leuchtturm wurde 1911 errichtet und wies den Schiffen an der gefährlichen Nordküste von Kauai den Weg.

Das Caffe Coco in Kapaa
ist ein beliebter Treffpunkt
für Szene-People und
Normalsterbliche auf
Kauai. Das Lokal verströmt
den Charme der guten
alten Zeit. Besonders
beliebt ist der Patio hinter
dem Gebäude.

Seite 122/123:
Im Wailua River State Park liegt der Wailua Waterfall, in den USA als Kulisse der legendären TV-Serie „Fantasy Island" bekannt.

Neben den polynesischen Einwohnern siedelten weiße Missionare, Händler und Walfänger auf den Inseln. Für den Zuckerrohr- und später den Ananas- anbau wurden japanische und chinesische Arbeits- kräfte angeworben. Angie Nollar (links) und James Saracino (unten) und seine Freunde leben heute in Kapaa.

Island Hopping – im Traumschiff zu den Inseln

Wie ein gigantisches Bonbon liegt die „Pride of Hawaii" im Hafen von Honolulu. Ein gewaltiges Schiff, fast 300 Meter lang und auf beiden Seiten mit farbenprächtigen Blumenmustern bemalt. Der rote Ball der Abendsonne spiegelt sich auf den weißen Aufbauten.

„Island Hopping" an Bord eines riesigen Traumschiffes – eine neue Art, die Sehenswürdigkeiten von Hawaii zu genießen. Erst seit wenigen Jahren fährt die „Pride of Hawaii" von Honolulu nach Honolulu, läuft die wichtigsten Häfen von Oahu, Kauai, Maui und Big Island an. Sieben Tage (relativ) preiswerter Luxusurlaub mit den längsten Landgängen, die eine Kreuzfahrtlinie zu bieten hat.

Die meisten Passagiere verbringen den Nachmittag am benachbarten Waikiki Beach oder beim Shopping auf der Kalakaua Avenue, bevor sie an Bord gehen. Von kitschigen Blumenkränzen bis zum teuren Designerschmuck ist alles zu haben. Im flachen Wasser vor den Luxushotels können sogar Amateure surfen.

Auch an Bord der „Pride of Hawaii" darf der Blumenkranz nicht fehlen. Fünfzehn Decks türmen sich über dem weißen Rumpf, fast alle der 540 Außenkabinen haben einen Balkon. Komfort wie in einem Drei-Sterne-Hotel mit Fernseher, Telefon, Kühlschrank, Safe und Haartrockner. Unter zwölf internationalen Restaurants, darunter eine riesige Cafeteria, und zehn Bars und Lounges können die Passagiere wählen. Ebenfalls im Angebot: Bibliothek, Internet-Raum, Spa Center, Fitness-Center und eine bunte Pool-Landschaft, die eher an einen amerikanischen Wasserpark erinnert.

Hotel mit integrierter Stadt

„Aloha", begrüßt uns Scott Hamby, der Hotel Director der „Pride of Hawaii". Er ist für den reibungslosen Ablauf auf dem neuen Traumschiff verantwortlich. „Wir sind ein großes Hotel, mit dem Unterschied, dass wir die Stadt gleich mitliefern." 1180 Crew-Mitglieder kümmern sich um maximal 2466 Passagiere. Der Vorteil gegenüber anderen Traumschiffen: „Free Style" – es gibt keine festen Essenszeiten, man wird zu nichts gezwungen und kann auch in Shorts und T-Shirts zum Essen gehen. Exklusiv wie auf der Queen Mary geht es nur in den Penthouse Suites und Garden Villas auf dem Oberdeck des Schiffes zu. Hier residieren VIPs und besonders finanzkräftige Passagiere auf einem Exclusive Deck.

Um zwanzig Uhr sticht die „Pride of Hawaii" in See. Durch die Fenster sieht man das weiße Kielwasser in der Dunkelheit leuchten. Nachts ist die „Pride of Hawaii" während ihrer einwöchigen Reise fast immer unterwegs, die Tage gehören den Landausflügen. Nach Pearl Harbor auf Oahu, im Bus zum Sonnenaufgang auf den Haleakala oder zum Schnorcheln im Molokini Crater auf Maui, im Hubschrauber über die rauchenden Kilauea oder im Katamaran an der Küste entlang auf Big Island, zum Waimea Canyon auf Kauai. Das Angebot ist riesig und nicht immer preiswert.

Spektakuläre Aussichten

Auf der Brücke regiert Captain Evans Hoyt. Der ehemalige Offizier, der im ersten Golfkrieg einen Munitionsfrachter steuerte, mag seinen

Links:
Die „Pride of Hawaii" ist fast 300 Meter lang und auf beiden Seiten mit farbenprächtigen Blumenmustern bemalt. Fünfzehn Decks türmen sich über dem weißen Rumpf, fast alle der 540 Außenkabinen haben einen Balkon.

Oben:
Island Hopping an Bord eines luxuriösen Traumschiffes – seit einigen Jahren eine neue Art, die Schönheit der Hawaii-Inseln zu genießen. Die bunten Schiffe laufen Häfen in Oahu, Kauai, Maui und Big Island an.

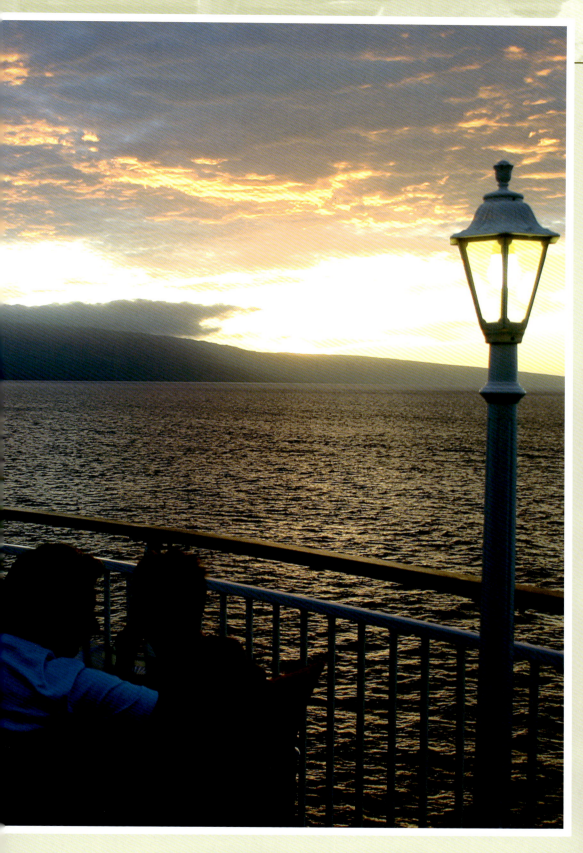

Job inmitten einer von High-Tech geprägten Umgebung. „Auch wenn ich die Strecke jede Woche fahre", sagte er, „mir wird niemals langweilig." Schon gar nicht an der spektakulären Vulkanküste, wenn alle Passagiere an der Reling lehnen und die glühende Lava zischend im Meer versinken sehen. Ein einmaliges Schauspiel, das nur noch vom Anblick der legendären Na Pali Coast übertroffen wird. Selbst Captain Hoyt steht am Fenster, als wir an den gewaltigen Felsen vorbeifahren und wieder Kurs auf Honolulu nehmen.

Rechts oben:
Als bunter Jahrmarkt präsentiert sich das Pool-Deck. Es duftet nach Cheeseburgern und Hot Dogs, auf den Tischchen neben den Liegestühlen stehen bunte Drinks, und unter dem Karussell-Dach spielen Live-Bands.

Rechts Mitte:
Die „Pride of Hawaii" gleicht einer riesigen Stadt. Nur der Service ist besser: 1180 Crew-Mitglieder kümmern sich um maximal 2466 Passagiere. Der Vorteil gegenüber anderen Traumschiffen: Man kann auch in Shorts und T-Shirt zum Essen gehen.

Rechts:
Farbenfrohes Ambiente: An Bord der „Pride of Hawaii" kann der Gast unter zwölf internationalen Restaurants und zehn Bars und Lounges wählen. Ebenfalls im Angebot: Bibliothek, Internet-Raum, Spa- und Fitness-Center.

Linke Seite:
Lanai ist die wohl exklusivste Hawaii-Insel. Die beiden einzigen Luxushotels genügen höchsten Ansprüchen und erinnern an die Kolonialpaläste der Engländer. Die meisten Besucher kommen zum Golfen auf die Insel.

Bis 1991 wurde die Luxus-insel fast ausschließlich zum Ananas-Anbau genutzt. Inzwischen im Besitz eines einzigen Hotelkonzerns, lebt sie beinahe ausschließlich vom Tourismus. Zum Teil menschenleere Sandstrände locken unter ewigem Sonnenschein.

Einsame Jeep-Trails wie der Munro Trail führen durch die Lava-Forma-tionen des Garden of Gods und zu den Überresten historischer Fischerdörfer. Von den Klippen stürzten sich einst wagemutige junge Männer ins Meer.

Rechts:
Molokai entstand aus
zwei Vulkanen, die einst
zu Maui gehörten. Im
Norden liegen tropische
Täler unterhalb felsiger
Steilküsten, im Osten
erstrecken sich Regen-
wälder. Die meisten
Bewohner leben im
flachen Süden.

Unten:
Molokai tut sich schwer,
den Ruf als entlegene
Enklave der Hawaii-Inseln
zu bewahren. Immer
mehr Besucher von Oahu
und Maui werden von
den ruhigeren Sand-
stränden auf der kleinen
Nachbarinsel angelockt.

Oben:
Der Kalaupapa Trail führt
in die ehemalige Lepra-
Kolonie auf der gleich-
namigen Halbinsel, die
inzwischen als Kalaupapa
National Historical
Park unter dem Schutz
der Regierung steht.

Bilder links:
Auf dem Kalaupapa Trail.
Um 1865 brach eine Lepra-
Epidemie auf Molokai aus.
Die Kranken wurden wie
Verbrecher gejagt und in
die Siedlung Kalawao auf
der Halbinsel verbannt.
Dort hatten sie damals
kaum eine Überlebens-
chance. Father Damien,
ein katholischer Missionar,
machte sich die Betreuung
der Lepra-Kranken zur
Lebensaufgabe und starb
selbst an der Krankheit.

Unten:
*Tausend Kokospalmen,
im Jahr 1863 vom späteren
König Kamehameha V.
gepflanzt, bilden eine be-
merkenswerte Oase im
Kiowea Park, der auch mit
weiten Sandstränden und
türkisfarbenem Wasser
aufwartet.*

Rechts:
*Das Kaluakoi Resort ist
das einzige Resort-Hotel
auf Molokai. Es liegt
an der Westküste, die für
ihre feinen Sandstrände
bekannt ist. Vor dem Hotel
verläuft der Kepuhi Beach.*

Oben:
*Handgeschriebene Schilder
mit der Aufschrift „Danger!
Falling Coconuts!" warnen
die Besucher der Kapuaiwa*

*Coconut Grove im Kiowea
Park vor fallenden Kokos-
nüssen. Der Strand liegt
nur wenige Meilen von
Kaunakakai entfernt.*

Seite 132/133:
*Hawaii, die Trauminseln
im Pazifik, locken mit
wogenden Palmen und
weiten Sandstränden,
hier im Kiowea Park bei
Kaunakakai.*

REGISTER

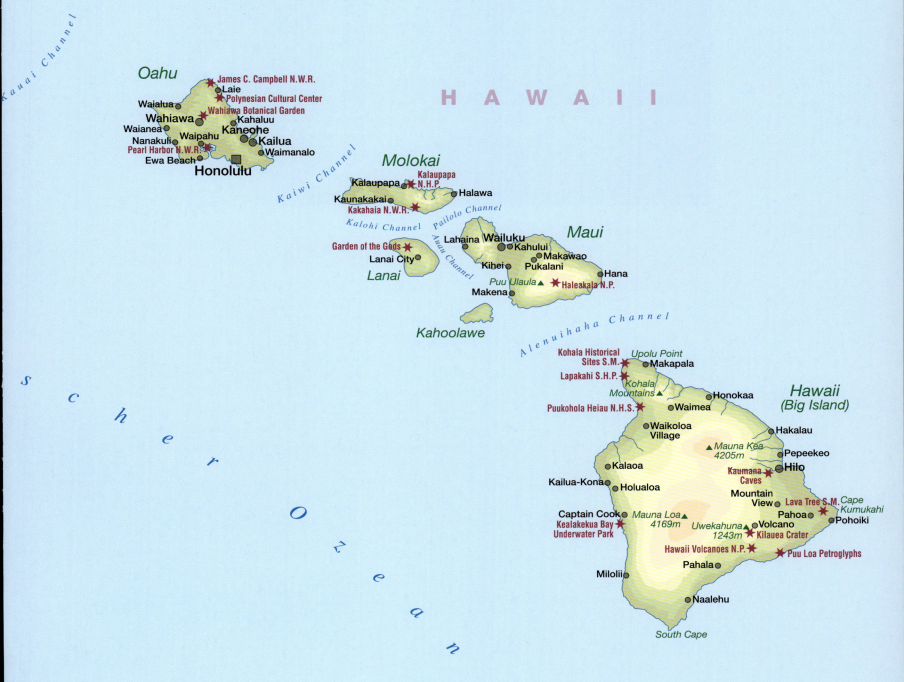

Oahu

James C. Campbell N.W.R.
Laie
Polynesian Cultural Center
Waialua
Wahiawa Botanical Garden
Wahiawa
Kahaluu
Waianea
Kahaluu
Nanakuli
Waipahu
Kaneohe
Pearl Harbor N.W.R.
Kailua
Waimanalo
Ewa Beach
Honolulu

H A W A I I

Molokai
Kalaupapa
Kalaupapa N.H.P.
Halawa
Kaunakakai
Kakahaia N.W.R.

Kaiwi Channel
Pailolo Channel
Kalohi Channel
Maui Channel

Lahaina
Wailuku
Maui
Kahului
Garden of the Gods
Makawao
Lanai City
Kihei
Pukalani
Lanai
Puu Ulaula
Hana
Makena
Haleakala N.P.

Kahoolawe

Alenuihaha Channel

Kohala Historical
Sites S.M.
Upolu Point
Makapala
Lapakahi S.H.P.
Kohala Mountains
Puukohola Heiau N.H.S.
Honokaa
Waimea
Hawaii (Big Island)
Waikoloa Village
Hakalau
▲ *Mauna Kea 4205m*
Pepeekeo
Kalaoa
Kaumana Caves
Hilo
Kailua-Kona
Holualoa
Mountain View
Cape Kumukahi
Captain Cook
▲ *Mauna Loa 4169m*
Lava Tree S.M.
Pahoa
Kealakekua Bay Underwater Park
Uwekahuna ▲ *1243m*
Volcano
Pohoiki
Kilauea Crater
Hawaii Volcanoes N.P.
Puu Loa Petroglyphs
Pahala
Milolii
Naalehu
South Cape

Kauai Channel

s c h e r   O z e a n

Im Lapakahi State Historical Park auf Big Island stehen die Überreste eines historischen Dorfes mit vielen historischen Zeugnissen der Bewohner. Die Siedler aus Europa und Asien fanden fruchtbaren Boden zum Ackerbau und reiche Fischgründe vor.

Impressum

Buchgestaltung
hoyerdesign grafik gmbh, Freiburg
www.hoyerdesign.de

Karte
Fischer Kartografie, Aichach

Bildnachweis
Alle Bilder von Christian Heeb, mit Ausnahme der Bilder auf Seite 124/125 von Thomas Jeier.

Alle Rechte vorbehalten

Printed in Germany
Repro: Artilitho, Lavis-Trento, Italien – www.artilitho.com
Druck und Verarbeitung: Offizin Andersen Nexö, Leipzig
© 2008 Verlagshaus Würzburg GmbH & Co. KG
© Fotos: Christian Heeb
© Texte: Thomas Jeier

ISBN 978-3-8003-1915-2

Unser gesamtes Programm finden Sie unter:
www.verlagshaus.com